AF258615

Tout exemplaire qui ne sera pas revêtu de notre griffe sera réputé contrefait et poursuivi conformément aux lois.

LOUIS.

LOUIS

OU

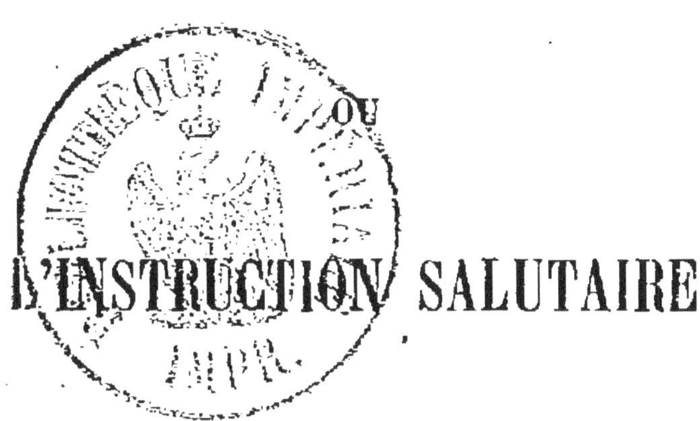

D'INSTRUCTION SALUTAIRE

LIMOGES.

BARBOU FRÈRES, IMPRIMEURS - LIBRAIRES.

I

Louis de Sales naquit au château de Brens, dans le Chablais, où sa famille s'était retirée pour s'éloigner des troubles qui désolaient alors la Savoie. Le Chablais été infecté du calvinisme, et les parents du jeune Louis, craignant de l'exposer à sucer, pour ainsi dire, l'erreur avec le lait de la première enfance, firent venir du comté de Sales une nourrice d'une foi et d'une piété éprouvées.

Les heureuses dispositions qu'il montra presque en naissant se fortifièrent beaucoup par le commerce intime de François de Sales, son frère, qui était son aîné de dix ans, et qui manifestait déjà une vertu fort au-dessus de son âge. Il ne négligeait aucune occasion de donner à son frère tantôt une instruction salutaire, tantôt un conseil plein de sagesse. Celui-ci recevait l'une et l'autre avec la plus tendre déférence ; jamais on ne vit entre deux frères des rapports plus frappants et de corps et d'esprits. Encore au matin de la vie, le plus jeune apprit de son Mentor la pratique de la méditation et du recueillement intérieur : tous deux se donnaient à Dieu avec une égale ferveur, et leur vertueuse mère, ravie d'un tel spectacle, ne cessait d'en bénir le divin auteur de tout don qui

découle de sa bienveillance in-
finie.

Il ne tarda pas à donner des
témoignages publics de sa piété,
en s'associant à de pieuses socié-
tés dont il remplissait les obliga-
tions avec une exactitude parfaite.
Ses sentiments religieux ne l'em-
pêchaient pas de se trouver dans
le commerce des femmes décentes
et estimables; toujours il s'y dis-
tinguait par ses manières respec-
tueuses et son maintien réservé.
Ses conversations étaient cons-
tamment au profit de la religion
et des mœurs, et il savait relever

avec adresse le prix que donnent à la beauté les vertus et la modestie.

Le président Favre, envoyé en Italie par son prince pour y ménager de grands intérêts, désira se faire accompagner par le comte Louis, afin que ses deux fils fussent en société intime avec ce jeune seigneur, dont l'exemple devait produire sur eux de si heureux effets. René et Favre, l'aîné des deux frères, s'y attacha étroitement, et ne cessait de parler avec admiration de l'extrême sagesse du comte Louis. Pendant son séjour à Rome, où, comme dans les autres métropoles du monde, les occasions dangereuses sont si fréquentes pour la jeunesse, déjà on le voyait, ne pouvant contenir son indignation, réprimer vivement les propos impies du licencieux. « Je ne suis pas vertueux, disait-il, et néanmoins je hais si fort le vice, que je voudrais, s'il m'était possible, l'exterminer de toute la terre, et le précipiter dans l'enfer, qui est son centre. » Les écueils dont il était environné l'engagèrent à retourner au sein de sa famille, et son départ fut hâté par la nouvelle de la mort de son père. Accablé de cette perte, il ne trouvait de soulagement à sa douleur que dans ces paroles de Job : « Le Seigneur me l'a ôté; que son saint nom soit béni! » Il versa des larmes dans le sein de François de Sales, alors devenu évêque de Genève; il en reçut de grandes consolations, et se retira ensuite près de sa mère, qui le chargea de toutes les affaires de sa famille.

II

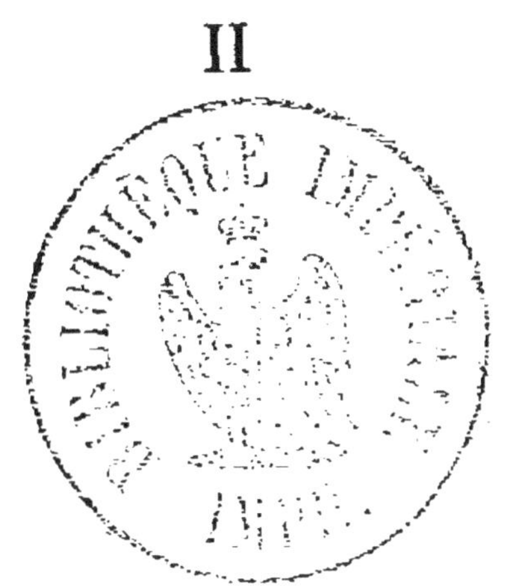

La manière dont il conduisit
son administration redoubla le
respect et la confiance que déjà la
maison de Sales lui témoignait.

Avant de s'unir à mademoiselle de Cussy, qu'il épousa environ un an après la mort de son père, il consulta Dieu longtemps, et se mit sous la protection spéciale de la Reine du ciel, qui sembla le protéger d'une manière visible dans un accident où il courut risque de la vie. Dieu répandit de grandes bénédictions sur ce mariage, et les effets en furent manifestes dès l'instant où le nouveau Tobie conduisit sa vertueuse Sara au milieu de sa famille. Le château de Sales n'offrait dès-lors que paix, union et régularité. Saint François de Sales en parlait ainsi,

dans une lettre à madame de
Chantal : « Je suis présentement
» à Sales ; en vérité, vous auriez
» du plaisir de voir un si parfait
» accord parmi des choses qui
» sont, pour l'ordinaire, si dis-
» cordantes. Belle-mère, belle-
» fille, belle-sœur, frères et beaux-
» frères, entre tout cela, ma vraie
» fille, je vous puis assurer, à la
» gloire de Dieu, qu'il n'y a ici
» qu'un cœur et qu'une bonne
» âme. » Et dans une autre lettre à la même, il lui disait : « Ja-
» mais la religion ne fut plus flo-
» rissante dans la famille. Je vous
» avoue qu'une bonne partie de

» la louange en est due à mon
» cher La Tuille (nom que por-
» tait alors le comte), car cette
» intelligence ne se peut main-
» tenir sans une très-grande sa-
» gesse et piété en celui qui a la
» conduite principale de tout
» cela. »

Le nouvel époux remplissait avec un égal succès les emplois dont il se trouvait chargé par son rang dans le monde et par la confiance qu'inspiraient ses lumières et ses talents. L'affaire de son salut l'occupait toujours de préférence à toute autre, et les sacrifices pour cet objet ne lui coûtaient point. Le baron de Cussy, son beau-père, qui l'aimait avec tendresse, désirant le fixer près de sa personne, obtint pour lui du duc de Savoie la lieutenance de Montmélian. Le comte Louis s'aperçut bientôt des désordres de la garnison ; craignant non-seulement de n'y pouvoir remédier, mais encore de s'en trouver lui-même atteint, il prit le parti de supplier Son Altesse de pardonner à son peu de capacité, s'il n'acceptait pas la place qu'elle voulait bien lui offrir. « Rien, disait-il, à un » de ses amis, surpris de ce re-

» fus, rien ne doit être estimé
» considérable à un chrétien, de
» ce qui est l'occasion de sa ruine
» spirituelle. En matière de salut
» et de religion, ajouta-t-il, si l'on
» ne peut surmonter les obsta-
» cles, c'est une nécessité d'évi-
» ter la voie où ils se rencon-
» trent. »

Partout il donnait des preuves
de la prudence et de la justesse de
son esprit. Les troupes espagnoles
auxiliaires de la Savoie avaient
fait quelques tentatives pour s'em-
parer d'Annecy; ne pouvant y
réussir, elles imaginèrent un

moyen de faciliter cette entre-
prise. Ce fut de traiter avec les
habitants, pour acheter plusieurs
maisons près des portes de la ville,
sous prétexte de faire une garde
plus exacte. Comme on délibérait
sur cette demande, et que les ma-
gistrats commençaient à donner
dans le piége qui leur était tendu,
le comte de Sales se rendit à l'as-
semblée sans y être invité, et dé-
couvrit si clairement le but des
Espagnols, qu'il rompit tout-à-
coup un projet très-contraire aux
intérêts de sa patrie; sans craindre les dangers personnels aux-
quels il s'exposait par cette con-

duite noble et ferme. Il fut employé avec succès dans les négociations les plus délicates, particulièrement en Suisse, quelque opposition qu'il y trouvât de la part de nos frères séparés, qui le regardaient, lui et saint François de Sales, comme les plus redoutables antagonistes.

III

Le ciel accorda aux jeunes et
pieux époux un fils nommé Charles-Auguste; celui-ci fut un vase
d'élection, et une source de béné-

dictions nouvelles pour sa famille et pour le diocèse de Genève, dont il devint évêque dans la suite.

Aussi bon parent que bon époux, son père donna, peu de temps après, une preuve de son désintéressement et de son amour pour la paix, en faisant, dans les partages qui-eurent lieu entre lui et ses frères, le sacrifice de la maison paternelle à la crainte de troubler l'union.

Selon les droits de la nature, ce château devait lui appartenir; et néanmoins il passa au plus jeu-

ne de ses frères, qui avait le droit
de choisir suivant le vœu de son
père mourant. La comtesse, fem-
me de Louis, plus jalouse que lui-
même de ses intérêts, l'engageait
à les soutenir. « Croyez-moi, Madame, la paix dans les familles
est le plus grand de tous les biens;
et ce que nous prétendons obtenir
ne vaut pas la tranquillité que
nous perdrions. » Le comte se dis-
posait ainsi, par un ordre secret
de la Providence, à un plus péni-
ble sacrifice : la mort, en 1606,
lui ravit une épouse chérie. La
grâce vint au secours de la nature,
et il se soumit aux décrets du ciel

sans murmurer. Fixé auprès de son frère le saint évêque de Genève, celui-ci, toujours plus frappé des vertus du comte, ne pouvait s'empêcher de désirer qu'il se sentît appelé au sacerdoce; mais Dieu voulait qu'il demeurât dans le monde, pour y donner de nouveaux exemples d'une rare piété. Sur le point de contracter une seconde alliance avec mademoiselle Favre, jeune personne qui réunissait tout ce qui pouvait attacher le comte de Sales, il l'entendit tout à coup déclarer qu'elle n'aurait jamais d'autre époux que Jésus-Christ, auquel elle consacrait le reste de ses jours. Saint François de Sales se chargea de préparer son frère à cette épreuve inattendue. Le comte, au premier instant, en fut vivement affecté; mais un moment de réflexion suffit pour l'engager à sacrifier à la volonté de Dieu une inclination légitime : il alla même jusqu'à hâter le dessein qu'avait formé mademoiselle Favre, d'être avec madame de Chantal les premières à embrasser l'excellent institut de la Visitation. Le 6 juin 1610, il les conduisit dans une maison d'un faubourg d'Annecy, qui fut comme le berceau de cet ordre, depuis si précieux à l'Eglise.

Le comte de Sales ne pensait plus qu'à parvenir aux plus hautes vertus du christianisme ; mais sa famille, touchée de voir toutes ses espérances réunies sur la tête d'un enfant extrêmement délicat, le détermina à épouser mademoiselle de Rouer-Saint-Severin. La jeune comtesse entra si parfaitement dans les sentiments de son époux, que jamais il ne lui fut plus facile de s'adonner à la piété. Son occupation ordinaire devint la lecture des œuvres manuscrites de saint François de Sales. Le bon prélat avait dans la piété du comte tant de confiance, qu'il le conjurait de corriger ce qui ne lui semblerait pas convenable ; celui-ci, loin de songer à y rien changer, les lisait presque toujours à genoux, et, après s'y être préparé par l'oraison, se trouvait si rempli de l'amour de Dieu par cette lecture, que son visage en était enflammé.

Chaque jour lui fournissait une nouvelle occasion de manifester la noblesse de son âme. Un méchant homme de ses voisins s'étant imaginé que les moulins d'une des terres du comte lui faisaient quelque tort, porta des gens du peuple à y mettre le feu; après cette indigne conduite, il s'évada, et ne revint qu'après plusieurs années, mais dans l'excès de la misére; le comte le soulagea secrètement avec autant de constance que de délicatesse, ne voulant pas lui donner la douleur de penser qu'il le reconnût. Sa grande piété ne faisait qu'animer son courage, dans les occasions où il s'agissait du bien de la patrie: le duc de Savoie, qui avait en lui toute confiance, se servait

de la droiture de son esprit pour
le conseil, et de son bras valeu-
reux pour l'exécution. Aucun
danger n'était capable de le troubler; on le vit plus d'une fois
s'exposer de sang-froid à un péril
presque certain ; il unissait aux
vertus d'un saint les qualités d'un
héros. Un jour qu'on le blâmait
d'avoir, disait-on, par une charité
outrée, protégé vivement son en-
nemi déclaré : « Loin, répondit-
il, de me rien reprocher sur ce
sujet, je ferais encore plus pour
cet homme, si l'occasion s'en pré-
sentait, puisque la mauvaise dis-
position des gens ne doit point

arrêter le devoir de la charité à leur égard ; et quant à l'occasion qu'ils peuvent prendre de nous faire du mal, elle n'est pas à craindre, lorsqu'on s'est assuré la protection du ciel en accomplissant ses ordres. »

Voyant que le séjour d'un gentilhomme dans son canton était un sujet de trouble, il l'engagea à lui vendre ses terres, en lui offrant un prix considérable, et, à force d'argent, il rétablit ainsi la paix. Toujours prêt à quitter ses propres affaires pour servir également les petits et les grands, tan-

tôt il prenait en main la cause de
ses bons paysans, et la plaidait
comme la sienne propre, tantôt
il portait aux intérêts de son souverain ce zèle infatigable, et il se
plaisait à le voir mettre à l'épreuve. Sage politique autant que
guerrier intrépide, il s'acquittait
de tous les devoirs que lui impo-
saient son rang et ses emplois de
la manière la plus propre à lui
attirer l'estime du monde, et en
même temps il animait chacune
de ses actions des sentiments de
la plus sublime piété et du plus
parfait désintéressement. On re-
marquait en lui l'extrême dou-

ceur de saint François de Sales :
cette douceur se manifesta surtout
un jour où, devant se rendre à la
cour de Chambéri, à l'occasion du
mariage du prince de Piémont,
pour témoigner plus de respect à
son souverain, il s'était fait faire
un riche habit, dont le manteau
composait alors une partie considérable. A l'instant même où il se
dispose à partir comme les autres
seigneurs, son valet de chambre,
qui lui avait ôté son manteau, ne
le retrouve plus; chacun se rend
à la cour, excepté le comte qui,
se voyant hors d'état d'y paraître,
se contenta de dire avec douceur

au serviteur inattentif : « Il faut
» que vous ayez une autre fois
» plus de soin. »

Il réunissait à une patience si
rare une extrême fermeté. Chargé
de faire exécuter les ordres du duc
de Savoie, qui avait défendu qu'on
laissât entrer dans Annecy les
troupes espagnoles retranchées
près de cette ville, il résista cons-
tamment aux vives représenta-
tions des principaux officiers.
Ceux-ci soutenaient que le passage des troupes dans Annecy,
loin d'être un inconvénient, eût

été un avantage, puis qu'elles y
eussent jeté de l'argent. Le comte
répondit que s'il y entrait un seul
Espagnol, il ferait tirer le canon.
Il possédait le vrai courage; et,
appelé inopinément en duel par
un officier qui avait insulté un de
ses parents, il lui fit répondre
qu'il ne voulait avoir de querelle
avec personne, qu'il ne compre-
nait pas pourquoi on voulait lui
en faire une; que cela ne l'empê-
cherait pas de se rendre le lende-
main à Annecy, où ses affaires
l'appelaient, et que si on l'atta-
quait sans raison, il se défendrait

avec justice. L'officier, confondu,
lui envoya sur-le-champ faire ses
excuses.

—

IV

Le comte apprit, peu de temps après, la mort de saint François de Sales; il se livra, en perdant ce frère si chéri et si digne de l'être, à une vive douleur; mais

il la répandit tout entière dans le
sein de Dieu, réitérant fréquem-
ment des actes de résignation à sa
volonté. « Ah! mes enfants, di-
» sait-il à sa famille éplorée, de
» quoi nous plaignons-nous? La
» miséricorde de notre Dieu est
» toujours jointe à sa justice. Il
» nous afflige par une grande
» perte; mais il nous fait faire
» un grand gain, car assurément
» le bon prélat est aujourd'hui
» bien puissant dans le ciel, et
» nous en ressentirons les effets. »
Il s'occupa, quelle que fut sa dé-
solation, à consoler ceux qui pleu-
raient avec lui, et particulière-

ment la vénérable mère de Chantal, qui sentait si vivement toute l'étendue de la perte qu'elle faisait. Il eut toujours pour l'ordre de la Visitation un respect particulier, et ce fut, sans qu'on le soupçonnât d'abord, ce qui le porta à travailler avec tant de zèle à la reconstruction du château de Torens ; il désirait que sa famille pût s'y loger afin que le château de Sales fût un jour cédé aux filles du saint évêque son frère.

Bientôt de nouvelles occasions révélèrent ses vertus. La peste remplissait Annecy de morts et

de mourants ; il y exerça les œuvres d'une charité sublime, de
concert avec l'évêque Jean-François de Sales, qui avait succédé à
son frère sur le siége de Genève.
Ce premier fléau fut suivi de la
guerre ; il y manifesta de nouveau
son amour pour sa patrie, sa fidé-
lité à son souverain et son courage inébranlable. Après avoir
obtenu de grands succès que lui
seul semblait ne pas apprécier, il
se réjouissait de n'en avoir pas eu
de plus brillants, parce que, disait-il avec l'ingénuité d'un saint,
un moment peut faire perdre, du

côté de l'humilité, ce qu'on a été bien des années à acquérir.

La paix le rendit à la vie retirée, qu'il chérissait comme étant la plus favorable à la piété. Ses plus douces occupations étaient d'accommoder des différents, et de réunir des personnes divisées ; Dieu lui avait donné, pour cette excellente œuvre, des grâces bien particulières ; mais l'objet de son zèle le plus spécial fut de disposer son fils aîné, Charles-Auguste, aux fonctions sublimes auxquelles le jeune homme se sentait appelé. Il en fit à Dieu le sacrifice

absolu, et se garda bien d'en perdre jamais le mérite, en travail-
lant à l'avancer dans l'Eglise. Ses
vertus et ses lumières seules firent
parvenir son fils successivement
jusqu'à la dignité épiscopale, qu'il
soutint comme on devait l'atten-
dre du neveu de saint François
de Sales. Le comte Louis, peu de
temps après l'abandon généreux
qu'il venait de faire au Seigneur
de son fils aîné, perdit son frère
Jean-François, évêque de Genève.
Privé ainsi des objets qui lui
avaient été les plus chers, n'ayant
plus qu'un frère, chevalier de
Malte, exposé chaque jour à per-

dre la vie, il disait à Dieu : « C'est présentement, Seigneur, que vous me devez être tout. » Résolu de finir ses jours dans la solitude, il refusa une place honorable que le duc de Savoie voulait lui donner, et obtint quoique très-difficilement, la permission de s'éloigner de la cour ; le prince, sentant vivement la perte qu'il faisait dans la personne du comte, garda près de lui ses deux fils, Janus et Amédée. Louis alors s'enferma dans la retraite où son fils aîné s'élevait déjà à une haute vertu. Il ranima de plus en plus près de lui le désir de se détacher entièrement des

choses créées. Il montra cette dis-
position parfaite au moment où
le tonnerre, tombant sur la tour
du château de Sales, consuma la
presque totalité des archives, et
tous les titres de sa maison, dont
on ne put sauver qu'une très-
petite partie. Ce vertueux patriar-
che profita de cet événement pour
parler à sa famille de l'instabilité
des grandeurs humaines et des
biens de la terre, et de la nécessité de ne se reposer qu'en Dieu.

Il plaça plus que jamais dans
le Père céleste une si vive confiance qu'elle lui mérita des pro-

diges. Passant un jour à Annecy, il vit tomber du haut d'une maison une petite fille, la tête sur le pavé ; il s'écria à plusieurs reprises : *Jésus, soyez notre secours*; prenant ensuite l'enfant par la main, il la rendit à ses parents en parfaite santé. Plusieurs autres circonstances, jointes aux exercices si édifiants de sa piété, lui attirèrent une nouvelle réputation de sainteté. On l'appelait communément le saint comte Louis. Il avait alors chez lui son fils Charles-Auguste, avec lequel il s'entretenait presque continuellement des choses du ciel. Tous

les huit jours il se confessait à
lui, et communiait de sa main ;
mais craignant de préférer sa propre satisfaction à l'attrait de l'Es-
prit-Saint, qui rappelait sans
cesse Charles-Auguste à la solitude, il consentit à s'en séparer,
voulant ainsi faire à Dieu un sacrifice, sans réserve, de toutes
les jouissances de la vie, même
les plus légitimes. Il se dépouilla
entièrement de ses biens, entre
les mains de l'aîné de ses enfants
du second lit. « Je veux, disait-
il, subir une mort volontaire, en
attendant la mort naturelle. »
Tandis qu'il ne cherchait que

l'oubli des créatures, la juste renommée de sa vertu lui attirait une multitude de personnes de tout rang et de tout âge, qui voulaient s'édifier près de lui, et recevoir ses conseils dans les voies du salut. Tel fut, entre autres, Gaston, duc d'Orléans, frère de Louis XII.

Il faisait sa propre règle de la morale qu'il prêchait aux autres ; aussi donna-t-il l'exemple d'une résignation parfaite à la mort de son fils Janus, qu'il aimait singulièrement : « Allons, dit-il à Charles-Auguste, déjà évêque de

Genève, allons au pied des autels, faire un sacrifice de cet enfant qui méritait bien d'être votre frère, mais dont je ne méritais pas d'être le père. » Après être demeuré longtemps en prières, il se releva, essuyant ses larmes, et dit, comme à la mort de son père : « Le Seigneur me l'avait donné, le Seigneur me l'a ôté ; que le nom du Seigneur soit béni ! »

Le saint vieillard entrait dans sa soixante-dixième année, et sa piété devenait chaque jour plus aimable, et quelles que fussent les incommodités de sa vieillesse, on ne le vit point négliger le soin de sa famille. En 1648, il fit épouser à un de ses fils mademoiselle de Valpergne, d'une maison très-illustre. Quoique déjà il vécut plus dans le ciel que sur la terre, il fut néanmoins en butte à une odieuse calomnie : le désir qu'il avait toujours témoigné de donner le château de Sales aux filles de la Visitation, en fut l'occasion, et l'on répandit contre lui et ces vertueuses épouses de Jésus-Christ un libelle horrible, mais sans signature. La calomnie était présentée avec la plus astucieuse malignité; mais elle ne troubla point la paix de son âme ; la seule crainte qu'il éprouvât était de voir soupçonner l'innocent : « Gardons-nous, disait-il, d'accuser personne. »

Comme tous les événements tournent à l'avantage de celui qui aime Dieu, ces traverses le portèrent davantage à rompre entièrement avec le monde pour s'occuper uniquement des pensées de la mort et de l'éternité. Le duc de Nemours l'ayant sollicité, quelque temps après, de s'ingérer dans les affaires qu'il avait avec madame Royale, quelque zèle qu'eût le

comte pour les intérêts de ce prince, il s'en excusa : « Les affaires
de mon éternité pressent si fort,
répondit-il, que je n'ai plus le
temps de veiller à d'autres affaires. » En effet, il se sentait affai-
blir de jour en jour, et un soir
que tous ses enfants étaient assem-
blés, il leur parla avec les sentiments d'un père véritablement
saint, qui se voit au moment de
les quitter. Vers le commence-
ment de 1654, son fils aîné, l'évêque de Genève, le voyant plus
malade, désira le faire transporter
au château de Sales, où il se flat-
tait qu'un air plus salubre pour-

rait contribuer au rétablissement d'une santé si précieuse. Le bon père eût préféré aller chez le prélat son fils, et même il s'en expliqua ; mais voyant ce qu'on souhaitait de lui : « Mon fils, dit-il en souriant, maintenant que je suis vieux, il est bon que l'on me gouverne, et qu'on me fasse faire ce que je ne veux pas; je vous ai commandé longtemps, il est juste que je vous obéisse présentement.

La nature défaillant de jour en jour, il souffrit d'une rétention d'urine les douleurs les plus aiguës pendant cinq jours entiers,

sans laisser échapper un seul mot
de plainte. L'évêque de Genève,
qui l'avait quitté pour remplir les
fonctions de son saint ministère,
rentra dans son appartement au
même moment que les médecins :
« Je vous suis fort obligé, mon
fils, lui dit le vertueux mourant,
de la peine que vous prenez pour
moi, dans un temps si mauvais,
et ayant tant d'affaires impor-
tantes. Mais Dieu sera votre ré-
compense; j'attends ici l'effet de
sa divine miséricorde. »

Malgré l'extrémité ou il était
réduit, on jugea à propos de lni

faire l'opération de la pierre, qu'on commença jusqu'à trois fois. Ses douleurs furent excessives, il ne put retenir ses plaintes, mais il ne les faisait éclater qu'en prononçant les noms de Jésus et de Marie. Il eut l'esprit parfaitement présent pendant tout ce jour de souffrances, répétant à voix basse : « Seigneur, tous mes désirs sont devant vous, et mes gémissements ne vous sont point cachés. « Il demanda à l'évêque qu'il lui dit les prières des agonisants, et y répondit en y en ajoutant de nouvelles que lui dictait la grandeur de sa foi. Il pria de nouveau son fils de lui couvrir la tête de cendres, injonction à laquelle se soumit son fils désolé en prononçant ces paroles : *Memento, homo*, etc. « Oui, mon Dieu, reprit-il, je ne suis que terre et que cendre, mais pourtant vous m'avez formé, et vous m'avez formé pour vous. O éternité! éternité! cher objet de mes désirs et de mes espérances! je me suis réjoui de ce qui m'a été dit, que nous irons dans la maison du Seigneur. » A ces mots, il entra dans une espèce de ravissement au milieu duquel il s'écria : « O cité le Dieu! que l'on a dit de grandes choses de vous! » Ensuite il pria son fils d'achever les prières de l'Eglise pour les mourants, et après avoir fait une nouvelle profession de sa foi, il dit en baisant le crucifix : « Sors, mon âme, pour aller dans le lieu de ton repos, parce que le Seigneur t'a comblée de ses biens. » Baisant une seconde fois le crucifix, il demanda à notre Seigneur d'accomplir ses desseins sur lui; l'évêque lui rapporta ces mots de l'Apôtre : *Qui cœpit, perficiet*, celui qui a commencé l'ouvrage de notre salut l'achèvera. Le vertueux mourant répéta plusieurs fois avec une douce satisfaction ce dernier mot : *Perficiet*, il achèvera.

« Notre bienheureux François, ajouta-t-il, le disait ainsi en mourant, et nous ne pouvons trop l'imiter. « Le matin du 24 novembre, jour de sa mort, il dit à l'évêque : « Mon fils, il est étrange que cette pauvre âme ne puisse se détacher du corps, après tant de souffrances! Pensez-vous que je sois longtemps en cet état? Non, mon père, répondit Charles-Auguste, *tempus breve est*; le temps finit, et l'éternité vous ouvre tout son sein. — O mon fils! reprit-il, que vous me donnez une bonne nouvelle, et que je vous en suis redevable! O éternité! éternité bienheureuse!» Alors on aperçut dans ses yeux une sorte de convulsions; son fils lui recommanda de demander pardon à Dieu : il répondit par un signe, et, serrant le crucifix entre ses mains, reçut de nouveau l'absolution, et, un instant après, le saint vieillard expira, les yeux élevés vers le ciel, le 24 novembre 1654, dans sa soixante-dix-huitième année.

LE BACHELIER JOUEUR.

LE BACHELIER JOUEUR.

—

Après une première mission où vingt-sept joueurs de profession, qui consumaient tout leur temps au jeu, et dissipaient tout leur avoir, avaient été gagnés par les discours entraînants du missionnaire, les païens, étonnés de leur changement , se disaient les uns aux autres :

Il est venu un Européen terrible qui a interdit les cartes aux gens de *Ta-Zang*. Depuis son passage on ne trouve plus un seul joueur. »

Et cet admiration des païens étaient bien légitime , puisque parmi ces pécheurs convertis, il en était que leur passion pour le jeu pouvait faire croire incorrigibles. Mais que ne peut la grâce d'en haut sur les cœurs même les plus endurcis! L'histoire de la conversion d'un de ces joueurs est bien capable de nous donner une haute idée des miséricordes divines.

C'était un bachelier militaire, tristement célèbre dans tout le district, qu'il scandalisait depuis plus de vingt-trois ans par l'oubli de tous ses devoirs religieux, sacrifiant les jours et les nuits à sa passion favorite, ne sachant et ne faisant autre chose que manier les cartes, et ne voulant même plus coucher que dans les maisons de jeu. Malgré l'excès du mal, le missionnaire le fit sommer par les chrétiens de songer à faire sa mission.

D'abord il refusa; mais le Père lui envoya dire que, s'il différait encore, il irait lui-même le trouver.

Voyant qu'il ne pouvait échapper, le bachelier se décida à se rendre auprès du missionnaire.

— C'est moi, pécheur, lui dit-il d'un air confus.

— Qui es-tu, toi?

— Je suis le bachelier joueur.

— Pourquoi n'es-tu pas venu plutôt.

— Parce que, m'étant ruiné au jeu, je n'avais point d'habits propres pour me présenter devant le Père.

Le missionnaire profita de cet aveu pour lui montrer l'abîme qu'il creusait sous ses pas, et l'engagea à s'approcher du tribunal de Pénitence, ce qu'il fit de bon cœur; puis il rentra dans sa famille; et maintenant il l'édifie par sa régularité.

LIMOGES. — IMPRIMERIE DE BARBOU FRÈRES.

9 782013 394130